LIGUE CONTRE L'ATHÉISME

CONFÉRENCES. — N° 20

LES
MANIFESTATIONS DE LA VIE

DÉRIVENT-ELLES TOUTES
DES FORCES MATÉRIELLES?

CONFÉRENCE FAITE PAR

Armand GAUTIER

MEMBRE DE L'ACADÉMIE DES SCIENCES
PROFESSEUR A LA FACULTÉ DE MÉDECINE DE PARIS

PARIS

GEORGES CARRÉ ET C. NAUD, ÉDITEURS

3, RUE RACINE, 3

1897

En Vente chez JOSEPH ANDRÉ et C°, 27, rue Bonaparte.

PRIX : 50 CENTIMES

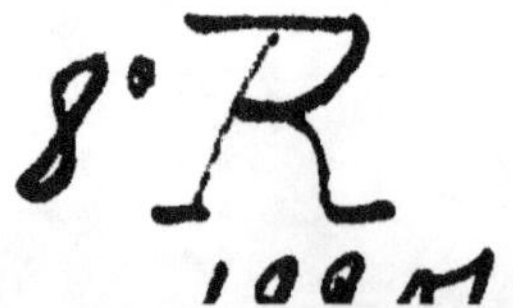

LES MANIFESTATIONS DE LA VIE

DÉRIVENT-ELLES TOUTES

DES FORCES MATÉRIELLES?

Aucune des propriétés par lesquelles la matière se manifeste à nous ne semble lui appartenir nécessairement. Des échanges continuels de lumière, de calorique, d'électricité, de puissance mécanique, etc., se font entre les objets matériels, et leur communiquent l'éclat, la couleur, la chaleur, l'électrisation, l'élasticité, les mouvements qui les rendent sensibles; mais le *substratum* dont sont formés les corps reste *inerte*, c'est-à-dire incapable d'engendrer de lui-même ni le mouvement, ni même aucune de ces propriétés que révèlent les objets matériels. « La matière, a dit Claude Bernard, n'engendre pas les phénomènes qu'elle manifeste, elle ne fait que donner à ces phénomènes leurs conditions de manifestation. »

La matière change d'apparence ou d'état et se révèle à nous lorsqu'elle est soumise à des *forces*. La force dynamique est cette cause qui communique aux corps matériels l'aptitude de se transporter dans l'espace avec une certaine vitesse. S'il avait fallu mouvoir à la fois avec la même vitesse, deux, trois objets identiques, il eût fallu deux, trois fois plus de force dynamique. La *quantité de matière*, ou *masse* des corps, se mesure donc par la *capacité dynamique* ou quantité de force mécanique nécessaire pour imprimer à chaque corps une même vitesse[1].

Les *forces matérielles* sont les causes qui provoquent les mouvements des objets matériels, ou qui leur communiquent l'aptitude à se manifester à nous par des propriétés sensibles. « La force n'est donc autre chose que le principe des changements » (*Leibnitz*).

Animée, pour ainsi dire, par ces forces, la matière possède l'*énergie*. Un boulet de canon placé dans l'âme d'une pièce d'artillerie est de la matière inerte au repos. Mais que, grâce à la combustion de la poudre, ce boulet soit lancé hors de la pièce, il possédera une énergie mécanique mesurée par $1/2\ mv^2$, formule où m représente la masse du projectile et v sa vitesse. Ainsi chargé sous forme d'énergie de translation de l'énergie qui existait auparavant dans la poudre sous une tout autre forme, ce boulet s'est revêtu d'une propriété nouvelle : il se transporte maintenant devant lui ; et si, par une hypothèse, irréalisable il est vrai,

---

[1] On voit que, par définition, la *masse* ne mesure la *quantité de matière* que par rapport aux forces dynamiques prises comme étalon de mesure de cette matière. Si l'on prenait un autre étalon, la capacité calorifique ou électrique par exemple, les quantités de matière de deux objets de nature différente, mais de même masse pour le mécanicien, pourraient, mesurées à ce nouvel étalon, être fort différentes. On voit donc que la *masse* du mécanicien n'est pas une *propriété* de la matière, mais une définition, une mesure de sa quantité, de son inertie au mouvement ; mais cette inertie existe pour toutes les autres manifestations de la matière.

tout venait dans le monde à disparaître, excepté lui et nous, nous pourrions penser que la matière de ce boulet a pour caractère essentiel de marcher toujours avec la même vitesse en se transportant éternellement à travers l'espace.

Cette propriété ne serait pourtant qu'une des formes, ou manifestations, des forces auxquelles la matière sert de support ; que ce boulet rencontre, en effet, dans sa marche un obstacle mécanique, un mur d'acier suffisamment résistant par exemple, il s'arrêtera brusquement, et l'énergie de translation dont il était animé se changera en énergie élastique ou vibratoire qui, se transmettant à la fois à la substance du boulet et du mur, les échauffera proportionnellement à la perte d'énergie de translation. C'est ainsi que le mouvement de transport du boulet, se changera en chaleur proportionnelle, de telle sorte que l'énergie ainsi transformée soit équivalente à l'énergie de translation disparue, ou à celle qui existait auparavant à l'état de calorique dans le gaz de la combustion de la poudre, elle-même issue de l'énergie qui était emmagasinée sous forme de potentiel chimique dans cette poudre avant sa déflagration.

Ainsi, ces quatre formes de l'énergie : énergie chimique de la poudre, énergie calorique des gaz de la combustion, énergie de translation, énergie élastique due à la déformation du boulet et du mur, qui se transmue à son tour dans l'énergie calorique finale au moment du choc, ces quatre quantités d'énergie, de formes différentes, sont nées les unes des autres, et pourraient au besoin revenir sans perte à l'un quelconque de leurs états antérieurs. Ce sont des formes, des états successifs équivalents, de l'énergie.

Les forces matérielles se reconnaissent donc à ce qu'elles communiquent à la matière de l'énergie, mais avec cette expresse condition que l'une des formes, chimique, élastique, calorifique, mécanique, etc., de cette énergie venant à apparaître, la forme précédente disparaîtra en quantité équivalente.

Les forces que manifestent les animaux ou les plantes ont-elles toutes ces deux caractères essentiels des forces matérielles? Avant de répondre à cette question, il faut analyser les phénomènes intimes qui se passent dans les cellules, ou éléments histologiques, qui, par leur agrégation, forment les êtres vivants.

I

Les organes primordiaux des corps doués de vie sont les *cellules* ou *plastides*, petites individualités vivantes qui réunies en colonies forment les tissus dont sont eux-mêmes constitués les organes les plus complexes. Ces cellules (fig. 1 et 2) se composent essentiellement d'un noyau contenu dans une vésicule spéciale, le plus souvent complètement enveloppée de *protoplasma*, substance molle, granuleuse, semi-liquide, souvent vacuolaire (fig. 1), traversée par des trabécules de forme changeante qui paraissent être le siège d'une active circulation. Comme dans la cellule nerveuse (fig. 2)

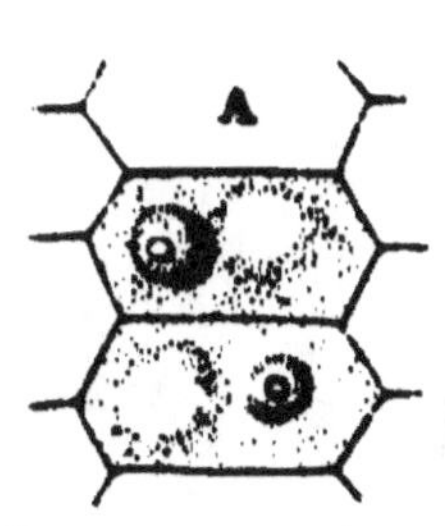

Fig. 1. — *Cellule végétale.*

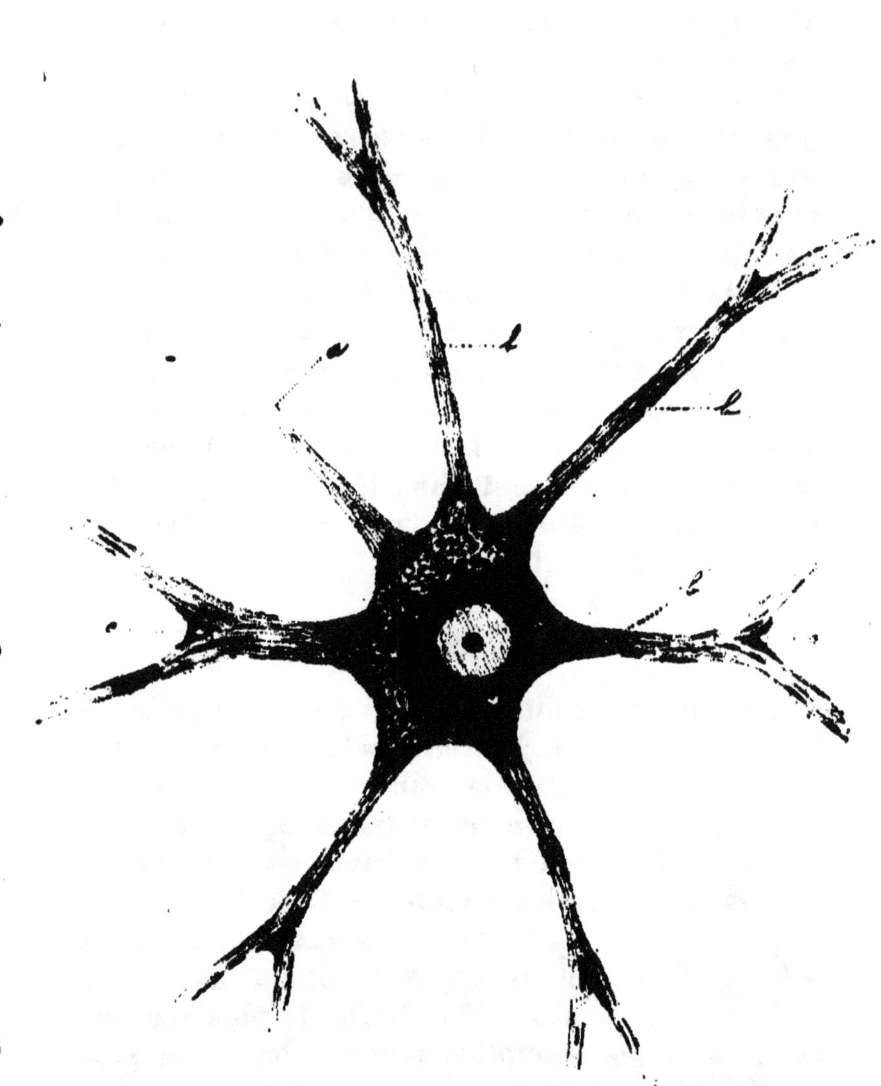

Fig. 2. — *Cellule motrice de la corne antérieure de la moelle chez l'homme.* — On y voit au centre le noyau et le nucléole enveloppés du protoplasma complexe qui envoie au loin ses prolongements *b b b*. — *a*, cylindre-axe, uniforme et sans substance chromatique; *b*, *b*, *b*, prolongements protoplasmiques contenant des éléments chromatophiles en forme de filaments. Tous ces prolongements ont un aspect légèrement strié.

ou lymphatique, par exemple, les trabécules du protoplasma cellulaire ont une structure compliquée et
peuvent s'étendre fort loin du noyau.

Portée par la circulation à chacune de ces
cellules, la matière alimentaire douée d'énergie
chimique, ou latente, est transformée suivant les
besoins de chaque tissu, soit par dédoublements
fermentatifs, soit par hydratation, soit par oxyda-
tion, en matériaux nouveaux, dont, le potentiel
total, va sans cesse en décroissant. L'énergie chimique ainsi perdue en apparence s'est changée
proportionnellement, au sein de la cellule ou en
dehors d'elle, en chaleur, travail mécanique ou
de structure, etc., et l'ensemble de toutes ces énergies, chimiques ou réalisées et sensibles, est
égale à l'énergie introduite par les aliments dans
la cellule, ou d'une façon plus générale dans tout
l'individu, par les aliments et par l'oxygène absor-
bés durant la période de temps que l'on considère.

L'animal fonctionne grâce aux modifications in-
cessantes des principes qui le composent. De ces
modifications résulte une quantité d'énergie qui,
de latente, devient actuelle et dont dispose l'être
vivant. Mais toujours pour un même cycle de
transformations matérielles les mêmes quantités,
ou des quantités équivalentes, de chaleur, travail
intérieur ou extérieur, travaux de structure, etc., se
manifestent égales à celles qui apparaîtraient si
les aliments consommés durant ce temps eussent
été brûlés au calorimètre en donnant les mêmes
produits, que l'animal soit amibe, insecte ou
homme; qu'il ait été ou non, durant ce temps, le
siège d'actes psychiques. C'est en ce sens que

M. Berthelot, faisant allusion aux états que manifestent seuls les êtres vivants et qui les caractérisent, a dit avec raison : « *L'entretien de la vie ne consomme aucune énergie qui lui soit propre*[1]. »

Nous pourrions tout de suite en conclure que puisque la vie ne consomme pour se manifester ou se transmettre aucune parcelle d'énergie matérielle, elle ne saurait être une forme de cette énergie.

Mais qu'est-ce que nous appelons *la vie*, et comment se manifeste-t-elle ?

Tout être vivant, toute cellule vivante assimile, se nourrit et se reproduit : elle *assimile*, c'est-à-dire qu'elle forme des principes semblables à ceux qui la composent avec des aliments qui peuvent ne pas contenir ces principes ; elle se *nourrit*, c'est-à-dire qu'elle se conserve avec sa forme générale tout en passant de l'état jeune à l'état adulte ; elle se *reproduit*, c'est-à-dire qu'elle forme des êtres semblables à elle-même. Pour diriger ces trois fonctions, elle possède en elle une force, une cause, qui règle la succession de ses actes et qui les dirige. C'est qu'en effet, si son protoplasma est l'agent et le siège des phénomènes chimiques de sa nutrition, le noyau de la cellule est leur centre directeur, comme l'ont démontré Nüsbaum, Grübber, Hofer, Verworn, Balbiani, etc., dans leurs expériences dites de *mérotomie*. Que l'on vienne à couper en deux parts une grosse cellule, celle qui forme à elle seule une amibe, par exemple, ou mieux encore qu'on sectionne de petits infusoires monocellulaires, *Stentor*, *Cyrtostomum*, *Loxodes*, etc., de

---

[1] M. Berthelot : *Essai de Mécanique chimique fondée sur la thermochimie* ; t. I, p. 91. Paris, 1879.

telle façon qu'une des deux parts comprenne le noyau tandis que l'autre contienne presque tout le protoplasma (fig. 3). La première part *a*, celle qui reste munie de son noyau *n*, n'eût-elle qu'une partie infime de protoplasma, continue à vivre, répare rapidement ses pertes et reforme une cellule entière qui se reproduit bientôt. Au contraire,

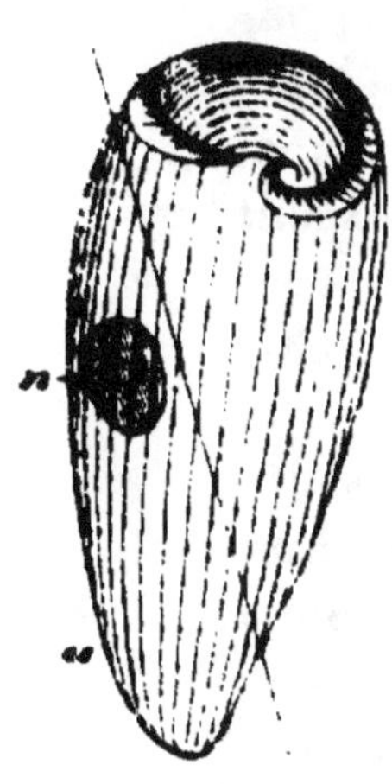

Fig. 3. — *Infusoire monocellulaire (Stentor).* — *n*, noyau.

la partie riche en protoplasma mais privée de noyau, végète d'abord quelque temps, puis finalement dépérit et meurt. Tandis qu'il est ainsi séparé de son noyau, le protoplasma n'en produit pas moins aux dépens de ses réserves quelques-uns des principes qu'il fabriquait dans la cellule intacte; si, comme dans le cas du Stentor ici représenté, la partie du protoplasma énucléé contient la bouche et les cils préhenseurs de l'individu primitif, l'alimentation se continuera quelque temps, mais des principes qu'il produit ou qu'il assimile, le protoplasma ne pourra se servir longtemps pour assurer sa vie durable; bientôt il dépérit et dégénère. Le noyau n'est donc pas l'agent des transformations physico-chimiques ou nutritives (le protoplasma paraît y suffire); mais il en est le centre directeur. C'est lui qui dans la cellule organise les actes, dirige les manifestations vers un même but, à savoir le maintien du type, la reproduction, la vie en un mot de la cellule. C'est en lui que paraît surtout résider cette *âme nutritive* d'Aristote, celle dont il disait : « ses actes sont d'engendrer, et d'employer la nourriture ».

Cette direction des manifestations, des actes matériels, en vue d'un but commun, ne peut être le fait d'une *force matérielle* proprement dite, car. ainsi que je le disais, nous reconnaissons ces forces à ce que, appliquées à la matière, elles font apparaître l'énergie sous l'une de ses formes : chaleur, travail dynamique, actions chimiques, etc. Or, si les phénomènes chimico-physiques qui se passent au sein du protoplasma dépensent l'énergie correspondant au travail, à la chaleur, aux actes chimiques produits dans ce protoplasma, *l'ordre*, le *sens imprimé* à ces manifestations n'en saurait dépenser ni produire. La direction imprimée aux phénomènes matériels, l'ordre, la loi de ces phénomènes consécutifs n'a et ne peut avoir aucun équivalent mécanique; elle ne peut dépenser ni produire aucune énergie propre : lorsqu'une batterie d'artillerie tire le canon, chaque coup a son équivalent mécanique, mais l'énergie correspondant à chacun de ces coups et leur somme totale reste la même quelle que soit leur direction. Le résultat final est cependant bien différent suivant que changent l'ordre et la direction du tir.

Si l'on voulait, ce qui est déjà difficile à admettre pour la raison que je viens de dire, que tout ce qui se passe dans une simple cellule vivante dérive des forces physico-mécaniques, il faudrait expliquer comment chacune des manifestations matérielles qui se produit en chaque cellule, tissus ou organes, s'harmonise dans l'être vivant complet en une manifestation harmonieuse générale où tout vient concourir à la vie normale, à la conservation de l'individu complet. Dans une nation civilisée, chaque citoyen concourt au fonctionnement régulier de l'État en vertu d'une volonté ou force directrice commune, d'un contrat écrit ou tacite fondé sur l'intérêt, la raison, la loi morale. Il en est de même dans ce petit État qu'on nomme *l'individu*. Que l'estomac digère chimiquement ses aliments ; que les glandes sécrètent leurs humeurs propres chacune en vertu de forces mécaniques et chimiques ; que le sang apporte aux tissus son oxygène et qu'en chaque cas il agisse en vertu des réactions mêmes que nous pouvons reproduire *in vitro;* que l'énergie calorique, mécanique, etc., de l'être vivant résulte tout entière d'actes purement matériels, cela est indéniable, mais là n'est point la vraie difficulté. La vie résulte de l'*ordre imprimé à ces divers actes, de telle sorte qu'ils viennent tous concourir à un même but.* Chevreul le remarquait déjà dès 1837 : « Lors même qu'on aurait reconnu, dit-il, que ces phénomènes dépendent des forces qui régissent la matière inorganique, nous ne serions guère plus capables de comprendre comment il arrive qu'un corps qui est déjà organisé avant que nous ne puissions l'apercevoir a en lui la propriété de se développer avec une constance admirable dans la forme de son espèce, et la faculté de donner naissance à des individus qui reproduisent cette même forme. Eh bien! *c'est là que se trouve pour moi le mystère de la vie et non dans la nature des forces auxquelles on peut espérer de rapporter ces phénomènes.* » (*Compt. Rendus de l'Académie des Sciences,* t. V, p. 175.)

II

Cette association de cause mystérieuse, ce contrat pour le travail de toutes les cellules en vue d'un but commun, la vie générale, la conservation de l'individu, est accompagné chez l'animal, et en particulier chez l'homme, de phénomènes d'un ordre spécial qui ne paraissent avoir avec les phénomènes matériels aucune commune mesure ou équivalence. Je veux parler des manifestations de la conscience : *pensée, volonté, sens esthétique, sens moral*. Peut-on rattacher ces manifestations aux forces matérielles? Oui, si l'on peut démontrer qu'elles équivalent à une dose d'énergie mécanique, chimique ou calorifique disparaissant proportionnellement à mesure qu'apparaissent ces phénomènes psychiques; non, dans le cas contraire.

La *pensée* qui voit, compare, délibère; la *volonté* qui se détermine; le *sens esthétique* qui juge le beau; le *sens moral* qui perçoit un monde de sentiments que la raison logique n'atteint pas, manifestent en nous une ou plusieurs forces puisque, suivant la définition de ce mot, les forces sont ce qui fait passer les objets d'un état à l'autre et les manifeste à nous. Or, l'être qui pense ou qui veut diffère notoirement et se manifeste par ce quelque chose de nouveau, de ce qu'il était avant de penser ou de vouloir.

Mais, on l'a vu, pour être démontrées d'*ordre matériel*, ces forces qui donnent naissance à la pensée, à la détermination d'agir, à la sensation du juste ou du beau, doivent pouvoir être transformées en forces mécaniques, ou en dériver proportionnellement. Apparues dans la matière, elles doivent en disparaissant y faire naître de l'énergie transmuable dans les formes mécaniques, calorifiques, chimiques, etc., que nous connaissons. Or, il n'en est rien. Qu'un animal, qui consomme durant les vingt-quatre heures une quantité constante d'aliments, pense ou non, qu'il se détermine à agir ou non (*pourvu qu'il n'agisse pas*), qu'il soit amibe, chien ou homme, pour une même quantité d'aliments et d'oxygène consommés, il produira la même quantité de chaleur et de travail, ou d'énergie totale équivalente. Il n'y a donc pas eu, pour créer la pensée ou faire naître la détermination d'agir, détournement d'une partie des forces mécaniques ou chimiques, transmutation de l'énergie matérielle en un mot, en énergie de raisonnement, de délibération, de pensée. Ces actes, exclusivement propres aux êtres doués de vie, n'ont pas d'équivalent mécanique. « Les actes psychiques, conclut avec nous M. Chauveau, ne peuvent rien détourner de l'énergie que fait naître le travail physiologique et qui est intégralement restitué sous forme de chaleur sensible. »

On pourrait arguer que les phénomènes de conscience, de jugement, de volition, sont des états *transitoires* se produisant passagèrement et proportionnellement à une certaine dose d'énergie équivalente, et que se retransformant plus tard chez l'être vivant en énergie matérielle, ils peuvent laisser reparaître dès lors à l'extérieur la totalité de l'énergie primitive à mesure que l'acte psychique intermédiaire disparaît de telle sorte que celui-ci n'aurait été qu'une forme passagère de l'énergie matérielle.

Mais ce qui caractérise les états successifs de
l'énergie matérielle, c'est qu'ils sont chacun exclu-
sifs des états précédents et des suivants. Quand
l'énergie chimique de la poudre contenue dans
l'arme à feu disparaît par combustion, l'énergie
calorifique apparaît proportionnellement; celle-ci
diminue peu à peu à mesure que naît l'énergie
de translation du projectile, et s'il s'écrase tout
à coup en rencontrant un mur d'acier massif et
résistant, son énergie de translation s'évanouit, rem-
placée qu'elle est, suivant la loi de l'équivalence,
par l'énergie élastique ou calorique. Il n'en est
pas de même des phénomènes psychiques : Lorsque
les vibrations matérielles ou chimiques provoquées
par une sensation de cause physique périphérique
arrivent à notre cerveau et qu'elles *s'y impriment*,
cet effet s'accomplit dans la cellule cérébrale grâce
à une suite de modifications matérielles équivalent
à l'énergie mécanique ou chimique qui les pro-
voque : du glycogène, des nucléines disparaissent
du cerveau; de la cholestérine, des phosphates
apparaissent dans ce cerveau qui s'échauffe, etc...
et l'ensemble de l'énergie représentée par les modifications totales de la cellule impressionnée est
égale à l'énergie qui a été transmise à cette cellule.
L'énergie d'excitation équivaut, en un mot, aux
énergies d'impression et de réaction dans lesquelles
elle se transforme. Mais lorsque l'impression matérielle a été ainsi emmagasinée dans la cellule cérébrale et qu'un nouvel équilibre chimique et physique
s'y est établi, les faits de conscience commencent et
se succèdent. De l'impression matérielle naît la
sensation ; celle-ci éveille la pensée qui se déve-

loppe et peut à son tour faire naître la volition. La pensée, l'acte psychique, le raisonnement, la délibération peuvent même ne se réveiller que des années après que l'impression matérielle a été produite et que s'est dissipé le flux d'énergie qui a traversé le cerveau. C'est que la pensée, la volition, l'acte psychique, ne sont pas l'impression, encore moins l'une des formes passagères et transmuables de l'énergie impressionnante. La sensation elle-même n'est pas une conséquence nécessaire de l'impression et peut ne pas la suivre. Si elle naît, elle peut éveiller la pensée, c'est-à-dire l'aperception, la *vue intérieure* des modalités de l'impression actuellement produite dans l'organe récepteur, aussi bien que des impressions antérieures. Le jugement résulte de la comparaison de ces impressions entre elles et avec des types innés. Le sens intime c'est ce qui nous fait ainsi voir, comparer et juger. « Ce qui constitue l'état de conscience et de pensée chez l'homme, dit Spinosa, c'est la sensation intérieure de ses organes corporels, c'est-à-dire des modalités de l'étendue que ces organes représentent actuellement, et rien d'autre. » Et de même pour Leibnitz la conscience n'est que *la connaissance réflective de l'état intérieur*.

Mais ces phénomènes persistants de conscience, de *vue intérieure* (car nous n'avons point de terme plus précis pour indiquer la sensation des modalités cérébrales en impressions observées par l'esprit), se passent dans le silence du cerveau, *après que les impressions ont été reçues*. La mémoire les conserve et l'esprit les perçoit et les compare. L'impression a été matérielle sans aucun doute, mais les modifications mécaniques ou chimiques qui l'ont produite ou accompagnée ont disparu alors que l'esprit peut continuer à comparer ces impressions entre elles. Dès lors n'intervient plus en rien l'énergie correspondant à ces impressions, énergie qui depuis longtemps peut avoir quitté la cellule cérébrale impressionnée. L'acte psychique ne résulte donc pas d'une transformation de tout ou partie de cette énergie chimique ou mécanique qui en se transmettant au cerveau a produit l'impression.

Il serait d'ailleurs absurde de dire que la sensation d'une impression, même celle d'une image physique extérieure, sa comparaison avec des impressions déjà reçues et la détermination d'agir qui peut suivre la pensée ou le jugement, ont un équivalent mécanique : *sentir, comparer et vouloir n'est pas agir ; or, seul l'acte matériel est transmuable dans les diverses formes de l'énergie qu'il représente.*

III

La conscience, le jugement, la pensée consistent en appréciations de formes et de rapports inscrits et conservés dans nos organes, mais ils ne sont ni des modes de l'énergie matérielle, car nous avons vu qu'ils ne la font pas proportionnellement disparaître, ni des conséquences directes ou nécessaires de l'acte matériel qui produit l'impression ou de la sensation elle-même. Lorsque, regardant le spectre lumineux d'une étoile, je reconnais que les raies de son spectre sont les mêmes que dans la lumière solaire, mais avec une différence de position constante pour toutes, un léger déplacement de ces raies vers la droite ou vers la gauche de l'observateur, et que de ce déplacement je conclus que cette étoile, en apparence immobile depuis que l'homme l'observe court vers nous, ou s'en éloigne, avec une vitesse de 30 à 40 kilomètres par seconde, ce n'est certes pas l'impression du dessin lumineux, ni la parcelle de la terrible énergie que transporte avec elle l'étoile, qui fait naître en mon esprit la certitude de sa

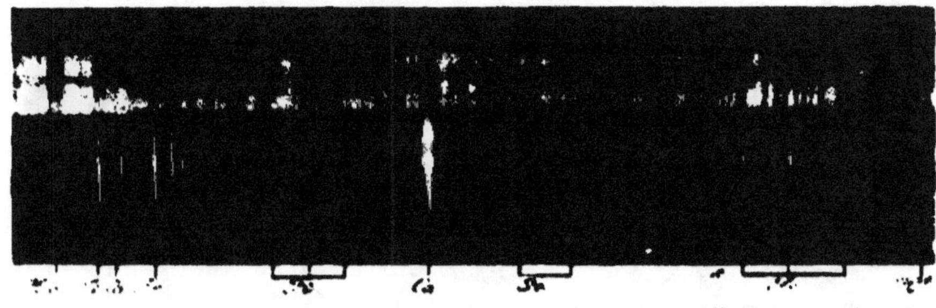

Fig. 1. — *Spectre*

course rapide à travers l'espace infini. Ma pensée naît d'une série de *sentiments intimes* que l'impression lumineuse réveille, mais qui préexistaient en moi, car la plupart des phénomènes de la Nature font renaître ces sentiments chez tous les hommes, et tous les lisent en leur conscience, les acceptent sans qu'ils en aient jamais trouvé la démonstration Ces *sentiments* sont : la *croyance* que dans l'Univers partout les mêmes effets naissent des mêmes causes matérielles ; l'observateur en conclut logiquement que le soleil et l'étoile, aussi bien que les vapeurs de nos éléments terrestres, ayant mêmes systèmes de raies, ces éléments terrestres doivent exister dans les deux astres qui, dès lors, sont formés de même matière; l'*opinion* que les lois naturelles sont immuables, que le hasard ne préside pas aux faits, et que si les raies de l'étoile toutes également déplacées vers la gauche (ou vers la droite), c'est en vertu d'une cause commune; l'*assurance* en notre raison qui nous permet d'affirmer que la cause du déplacement commun des raies observées est bien la marche de l'étoile à travers le ciel, parce que cette induction concorde avec

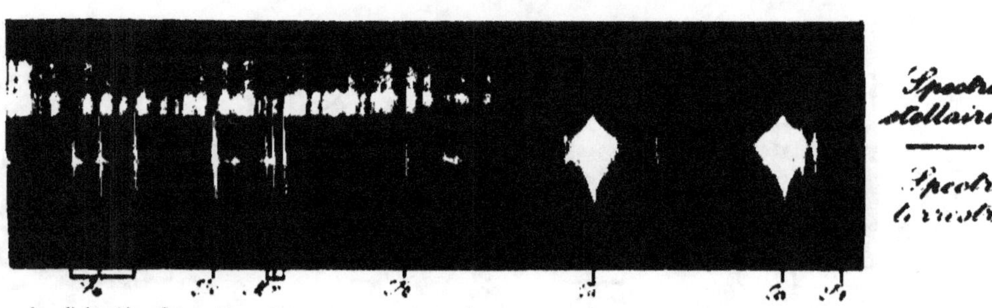

de l'*étoile* Capella.

toutes nos mesures, et avec tout ce que nous apprennent d'autres méthodes fondées sur cette raison. Mais *ces sentiments, cette croyance, cette opinion, cette assurance en notre raison*, tous ces postulatum bases et principes de notre jugement, idées primitives ou innés (car rien ne les démontre absolument et chacun, sciemment ou non, juge et raisonne à leur lumière), toute cette substance, tout ce substratum de la pensée, n'a rien à faire avec l'impression lumineuse du spectre de l'étoile! La pensée, on le voit bien par cet exemple, se forme non de l'impression reçue, ni même de la sensation perçue, mais de tout un système de croyances, de sentiments, de *visions*, venus du plus profond de nous-mêmes, sentiments réveillés, il est vrai, par la sensation reçue, mais sans aucun rapport avec la perception lumineuse du spectre de l'astre. Celle-ci a simplement appelé la pensée, c'est-à-dire les comparaisons, les visions du sens intime, d'où a jailli la conclusion, l'idée nouvelle. « La réflexion », dit Leibnitz, dans ses *Nouveaux essais sur l'entendement humain*, « n'est autre chose qu'une attention à ce qui est en nous ; les sens ne nous donnent pas ce que nous portons déjà en nous-mêmes. »

La pensée n'est, en effet, qu'une comparaison de formes ou d'impressions, chacune issues de faits particuliers, avec des types généraux fournis par le sens intime. Lorsqu'un artiste tire de son violon une succession de sons qui fait naître en nous la sensation d'une beauté, d'une *idée* musicale, le travail matériel du bras, des cordes, de l'archet, les vibrations de l'instrument et de l'air qui frappe l'oreille et parcourt le nerf acoustique, l'impression qui modifie le cerveau et s'y conserve, tout cela constitue une succession de phénomènes mécaniques et chimiques susceptibles de mesure et d'équivalence. Ces impressions matérielles se transmettent aussi bien au cerveau d'un chien, d'un Nègre, ou d'un Parisien affiné, et y produisent des effets physico-chimiques semblables. Mais la pensée que la perception de ces impressions successivement transmises et conservées fait naître en chaque esprit est fort différente. Elle va résulter, en effet, de la comparaison de ces perceptions, de leur ordre de grandeur et de succession, avec des types esthétiques préexistants dont la logique peut s'expliquer quelquefois, mais que l'expérience, ni la raison ne nous fournissent. Or cette vue, cette perception de l'ordre de succession et de grandeur d'où va procéder le jugement, le plaisir ou la peine, est absolument immatérielle : en effet, les mêmes sons transmis au cerveau dans un ordre inverse, ou réglé par le hasard, auraient produit une suite d'impressions matérielles semblables aux premières à *l'ordre près*, et une série d'états physico-chimiques identiques pour chaque note séparée, *mais sans qu'aucune pensée musicale en fût résultée*. L'ordre changé, le sentiment intime des rapports change ou devient nul ; la pensée musicale s'évanouit ou change. C'est donc uniquement la perception intérieure de l'ordre, des rapports, c'est leur comparaison avec des types, des formes intuitives, qui permet le jugement et fait naître la conclusion, la pensée. Or, cette perception, cette vue intérieure, cette comparaison ne sauraient avoir d'équivalent mécanique, parce qu'une forme, un rapport, un ordre n'en ont pas, à plus forte raison le sentiment, la perception de ces formes, de ces rapports, c'est-à-dire le jugement, la pensée.

IV

On objecte souvent que l'acte de penser fatigue le cerveau ; que l'homme qui pense fait effort, produit un travail, et que celui-ci est notoirement d'ordre matériel, car la substance cérébrale s'échauffe et se détruit, à peu près comme il arrive pour le muscle qui travaille. Mais sous ce mot de

penser nous comprenons généralement une série
d'actes successifs préparatoires et matériels que
suit, sans se confondre avec eux, le phénomène
psychique de la *pensée*. Une première dépense
physique naît de la préparation du cerveau à recevoir les impressions que lui transmet le monde
extérieur et qui vont s'imprimer dans sa substance
ou l'ébranler ; ces impressions reçues ne sont effi-
caces que si nous les conservons par un effort,
une sorte de tension physique, de notre cerveau
que réveille et met en état *l'attention*. Les cellules
cérébrales ne sont pas en rapport de continuité, et
dans le sommeil, aussi bien qu'à l'état passif d'in-
attention, au repos, leurs prolongements protoplasmiques ne semblent même pas être en rapport de
contiguïté. Pour recevoir une impression et la
conduire aux centres percepteurs, il faut donc un
effort, un travail ; le cerveau doit tendre le complexe réseau de ses innombrables cellules, établir
entre elles la communication. Lorsqu'à la suite de
ce travail la perception nouvelle a été reçue, l'idéa-
tion commence à se produire en notre esprit. Une
singulière faculté nous permet, quelle que soit la
multitude immense des impressions reçues et conservées, je ne sais comme, dans les entrailles de la
cellule cérébrale, de faire successivement passer le
tableau de ces images, nouvelles ou antérieures,
devant les yeux de l'entendement qui voit celles qui
sont nécessaires à sa comparaison et à son jugement.
Toute cette préparation du cerveau à l'impression,
l'impression elle-même, et l'effort qui retrouve et
rapproche les impressions actuelles ou anciennes
pour les mettre dans un état sensible apte à la com-

paraison, à la vision du sens intime, tout cela constitue certainement un travail physique qui prépare l'acte de la pensée mais qui ne se confond pas avec elle. Comment le cerveau fait-il cet effort, comment conserve-t-il, et rapproche-t-il les impressions reçues? Nul ne le sait, et pour essayer d'expliquer cette indéniable merveille, on ne peut recourir qu'à des comparaisons. Je me représenterais volontiers ce cerveau comme une vaste bibliothèque, dont les volumes seraient faits, chez l'enfant qui vient au monde, de feuillets impressionnables où se sont déjà obscurément inscrites grâce à l'atavisme, quelques-unes des images mêmes maintes fois vues, puis transmises par les aïeux. Une vibration sonore, lumineuse, tactile arrive-t-elle au cerveau, elle court, à travers les millions de cellules qui le forment, vers ce livre mystérieux où elle peut s'inscrire. Il s'entr'ouvre, reçoit l'impression et se referme à moitié, ou tout à fait et pour jamais, si l'attention ou d'autres conditions nécessaires ne se sont pas réalisées Pour utiliser, à un moment donné, les impressions matérielles qui forment la collection immense d'images ou d'impression ainsi accumulées, il faut, par la mémoire, en consulter le catalogue, ouvrir ces volumes depuis longtemps fermés ou à demi clos, les feuilleter, en rapprocher, en reconstituer, en renforcer les figures, c'est-à-dire les impressions physiques souvent presque effacées. Tout cela constitue le travail, l'acte préparatoire, matériel de la pensée. Le livre ouvert, les impressions revivifiées, rapprochées, il est des hommes qui lisent dans ces pages clairement imprimées en leur puissant cerveau ; elles font naître en eux, sans effort, la conclusion, quelquefois la pensée géniale qui embrasse d'un coup d'œil les lois de la nature et éclaire l'humanité. Il en est d'autres qui ne retrouvent et ne lisent qu'imparfaitement ces pages mal impressionnées, et n'en tirent qu'une idée fruste, incomplète, incorrecte. Dans l'un et l'autre cas, l'effet produit, la vue des rapports et des lois qui en dérivent, le jugement, la *pensée*, en un mot, n'est pas proportionnel à l'effort cérébral, au travail préparatoire, parce que l'effet ou la pensée n'est pas ce travail qui consiste à recevoir utilement l'impression actuelle, à retrouver, revivifier, réunir les impressions anciennes pour en tirer la comparaison dont jaillira l'idée. Quoique indispensable, cette mise en état du cerveau, ce travail physique de recherche et de rapprochement des impressions, n'est pas l'acte définitif du sens intime, le jugement, la pensée. C'est ce que remarquait aussi l'un des grands mécaniciens de notre siècle, Hirn, quand il disait : « Lorsque nous nous servons des termes de *travail physique* et de *travail de tête* pour désigner l'acte même grâce auquel s'engendre un phénomène dynamique ou une pensée, nous nous servons d'expressions probablement des plus correctes ; mais lorsque nous étendons le terme de *travail* intellectuel au produit même de l'acte cérébral (à la pensée) nous ne recourons plus qu'à une métaphore. »

V

Je pourrais maintenant, me fondant sur les phénomènes de la *volonté* et du *sens moral*, montrer que les mêmes impressions n'amènent pas dans les divers cerveaux, *ni fatalement dans le même cerveau considéré à un moment donné*, les mêmes déterminations. Il est vrai que par esprit de système et en vertu de cet *a priori*, d'une religion nouvelle, que *toutes les forces sont et ne peuvent être que d'ordré matériel*, il est vrai, dis-je, qu'on a nié le libre arbitre, les actes de la volonté libre étant contraires à cette vérité, indéniable en Mécanique, que les mêmes causes agissant sur le même être matériel produisent toujours, dans les mêmes conditions, les mêmes effets. Telle ne paraît pourtant pas être la loi des actes de la volonté. Les faits de conscience nous apportent des notions dont il faut bien tenir compte, quelque gênantes qu'elles puissent être, et il ne servirait à rien de les nier. Ils nous apprennent qu'à la suite d'une impression, le désir, la passion s'éveille, souvent violente et presque irrésistible ; mais qu'il est des hommes qui, par éducation ou nature, peuvent se déterminer en sens inverse de celui où les incite l'impression. D'ordre matériel, *celle-ci* a des suites *matérielles* inéluctables, toujours les mêmes pour le même déterminisme ; mais l'impression reçue et perçue, l'homme pèse ses motifs d'agir à la balance juste ou fausse de sa conscience, et il peut se déterminer dans un sens ou dans un autre en raison de sa volonté. Si l'on me dit qu'il ne se détermine pas *sans motifs*, et que dès lors il n'est pas libre, il s'agit, remarquons-le bien, de *motifs moraux* auxquels n'a rien à voir l'impression matérielle qui a provoqué la délibération de l'esprit. Ces motifs moraux sont ceux qui déterminent l'acte de volonté, et à sa suite, l'acte matériel. Ils agissent, après l'impression reçue, dans le sens, ou en sens inverse, des forces d'impression, mais en tous cas, en tant que forces morales, immatérielles. C'est ce que je voulais démontrer.

Ainsi la dissemblance des effets de volition et des actes qu'ils entraînent à la suite d'une même excitation de cause extérieure suivant qu'ultérieurement agissent tels ou tels motifs d'intérêt logique, ou telles considérations morales, est encore une preuve de l'immatérialité de la cause première qui détermine l'acte de volonté, car, choisissant entre ces motifs, le sens intime peut, à une même impression matérielle, faire succéder des actes opposés.

VI

A ceux qui me demanderont quel est l'agent de ces manifestations de la vie que nous ne saurions attribuer à des forces matérielles parce qu'elles n'en ont point les caractères et que leurs effets ne peuvent équivaloir aux effets de ces forces, je répondrai que c'est ici question de sentiment et de croyance. Le monde de l'esprit se manifeste à nous par ses phénomènes, comme se manifeste celui de la matière, et, à tout prendre, on aurait tort d'affirmer celui-ci à l'exclusion de celui-là, parcequ'il serait moins mystérieux, ou plus accessible à notre entendement. Quelle est la nature de ce *substra-*

tum matériel, de ce support inerte grâce auquel peuvent se manifester les forces proprement dites ? Qu'est-ce que l'énergie qui l'anime et comment cette énergie peut-elle passer d'une forme à l'autre ? Comment peut-elle se transmettre à des milieux, ou par des milieux qui, tels que l'éther intersidéral ou interatomique, sont dénués de matière ordinaire ; et si ces milieux sont conçus comme pleins d'une matière spéciale, quelle en est à son tour le nouveau substratum et la nature ? Ces questions sont-elles plus simples à résoudre que celles-ci : Quelle est l'essence, le *substratum* de ce qui produit les manifestations de l'intelligence ? Quelle est la nature des forces et du travail de l'esprit ? Ses diverses manifestations sont-elles dépendantes, peuvent-elles se transformer les unes dans les autres à la façon de l'énergie matérielle ? Dérivent-elles d'un principe mystérieux vivifiant le corps ?

De l'esprit, nous ne connaissons que ses manifestations ; et, quoique leur liaison à celles de la matière soit difficile à expliquer nous ne pouvons la méconnaître. Des causes, des forces immatérielles existent chez l'être vivant, et nous venons de montrer qu'elles ne résultent pas de la transformation des forces matérielles et qu'elles ne peuvent davantage transmettre aux corps vivants aucune énergie matérielle. Il y a toutefois des rapports entre les choses de l'esprit et celles de la matière, et de ces rapports évidents on pourrait peut-être donner quelques raisons en se fondant sur les considérations que je viens d'exposer : des objets et phénomènes matériels se dégage, en effet, quelque chose d'immatériel, mais qui tient pourtant à la matière, savoir : la forme, le rapport, l'ordre, l'organisation. N'ayant ni masses, ni équivalent mécanique, la position, la figure, la forme, l'ordre, sont choses immatérielles ; or ce sont celles que nous avons dit être les aliments de l'esprit, ce que la matiere lui transmet, ce que le sens intime observe et compare, les caractères mêmes de ce livre de la pensée dont nous parlions plus haut.

Mais nous ne saurions dire *qui lit dans ce livre*, ou nous demander quel est le principe des manifestations de l'intelligence ou du sens moral, sans abandonner le ferme appui que nous prête l'observation des faits : des faits matériels aussi bien que de ceux de conscience. Aller au delà, c'est affirmer une croyance, un sentiment, et sortir, à proprement parler, du domaine scientifique. Nous avons voulu montrer seulement que ce qu'on nomme l'état de vie, encore mieux l'état de conscience et de pensée, ne résulte pas d'une transformation de l'énergie matérielle ; que par conséquent, il existe une ou plusieurs causes d'ordre non matériel qui déterminent ces phénomènes. Vouloir aller au delà c'est sortir du domaine de l'observation pour entrer dans celui de la contemplation et du pur abstrait. Il est trop loin des régions qu'atteint ma raison pour que j'essaie d'y guider personne. De ce monde mystérieux, lumineux pour les uns, obscur ou inconnu pour d'autres, je ne perçois que ce que me laissent entrevoir, comme à travers une nuée translucide, mes sentiments personnels ; et, ne sachant ce que voient ni comment voient les convaincus ou les incroyants, je me garde de les juger. Je n'ai jamais senti ce que sent un cerveau de fourmi ou d'abeille et ne sais ce qu'est cette *raison* qui les pousse à agir raisonnablement. Et de même, comparant le grand au petit, quand surgissent dans l'esprit d'une Jeanne, d'un Kepler ou d'un Pascal des visions ou des sentiments *que la raison ne connaît pas*, je ne pense pas qu'il soit logique de penser, parce que nous ignorerions les mystérieux mobiles de leurs consciences, que ces visions, ces sentiments, ces croyances, n'ont pas des motifs raisonnables.

La vraie science ne saurait rien affirmer, mais aussi rien nier, au delà des faits observables de la matière et de l'entendement, et c'est une science à rebours que celle qui ose assurer que seule la matière existe et que seules ses lois gouvernent le monde.

Paris. — L. MARETHEUX, imprimeur, 1, rue Cassette.

www.ingramcontent.com/pod-product-compliance
Lightning Source LLC
Chambersburg PA
CBHW071440030726
47594CB00006B/2771